Kürbis & Karotte

Rezepte und Fotos: Karl Newedel

Bassermann
Inspiration

Dicke Schale – **weicher Kern**

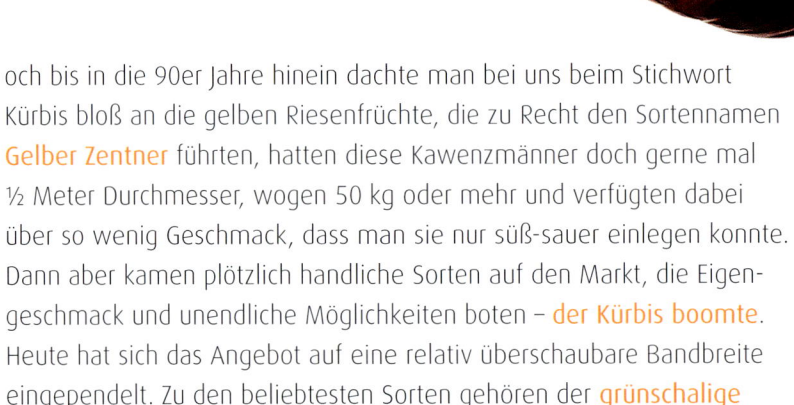

och bis in die 90er Jahre hinein dachte man bei uns beim Stichwort Kürbis bloß an die gelben Riesenfrüchte, die zu Recht den Sortennamen Gelber Zentner führten, hatten diese Kawenzmänner doch gerne mal ½ Meter Durchmesser, wogen 50 kg oder mehr und verfügten dabei über so wenig Geschmack, dass man sie nur süß-sauer einlegen konnte. Dann aber kamen plötzlich handliche Sorten auf den Markt, die Eigengeschmack und unendliche Möglichkeiten boten – der Kürbis boomte. Heute hat sich das Angebot auf eine relativ überschaubare Bandbreite eingependelt. Zu den beliebtesten Sorten gehören der grünschalige Moschus- oder Muskatkürbis und der leuchtend orangerote Hokkaido.

Meist hört man, der Kürbis gehöre zu den Schätzen, die die spanischen Eroberer aus der Neuen Welt mitgebracht hätten, und tatsächlich wurde der Kürbis dort schon vor Jahrtausenden zu Nahrungszwecken kultiviert. Seine eigentliche Heimat aber ist Afrika, wo noch heute die extrem harte Schale des ungenießbaren Flaschenkürbisses (Kalebasse) den Rohstoff für Schüsseln und Gefäße, Resonanzkörper für Musikinstrumente und Rasseln sowie für Schnitzwerke liefert.

Mit besonders vielen Vitaminen kann der stark wasserhaltige Kürbis nicht aufwarten, er bietet lediglich etwas Kalium und Eisen, dafür aber ist er besonders kalorienarm. Und zwei weitere Köstlichkeiten liefern bestimmte Sorten: zum Knabbern geeignete Kerne und das dunkelgrüne, dickflüssige Kürbiskernöl, das so manchem Kürbisgericht den letzten Pfiff verleiht.

Seit Jahrtausenden ein **Küchenstar**

Die Karotte – sie wird auch Möhre, Mohrrübe oder Gelbe Rübe genannt – gehört zu unseren ältesten Gemüsesorten und wurde, wie Samenfunde beweisen, schon in der Steinzeit gern konsumiert. Man unterscheidet zwischen Früh-, Sommer-, Herbst- und Dauerkarotten: Sie haben also ganzjährig Saison. Aus gutem Grund knabbern nicht nur Hasen gerne Karotten, auch dem Menschen hat die leckere Wurzel, die man roh ebenso wie gegart genießen kann, ein breites Spektrum an gesunden Inhaltsstoffen zu bieten, darunter Beta-Carotin (eine Vorstufe des Vitamin A), Vitamin K, Folsäure, Kalium, Kalzium und Eisen. Ihrer Bekömmlichkeit wegen sind Karotten beliebte Schonkost und schon Babys mögen sie, weil sie so süß schmecken.

bis

dekorativ
weich & wärmend
gut eingelegt
liebt allerart Feste
erdverbunden

- * 1 Zwiebel
- * 800 g Muskatkürbis (oder Hokkaido)
- * 250 g Kartoffeln
- * 3 EL Pflanzenöl
- * 2–3 TL Currypulver
- * 1 l Gemüsebrühe
- * 2 EL Tomatenmark
- * 4 EL grüne Kürbiskerne
- * 250 g Lauch (Porree)
- * 40 g Butter
- * Salz
- * Cayennepfeffer
- * frisch geriebene Muskatnuss
- * 4 EL Kürbiskernöl
- * 60 g Croutons

Curry-Kürbis-Suppe mit Lauch

⏱ 45 Minuten * 4–6 Portionen

1 Die Zwiebel schälen, halbieren und würfeln. Den Kürbis schälen, entkernen und in 3 cm große Würfel schneiden. Die Kartoffeln schälen und ebenfalls in 3 cm große Würfel schneiden.

2 Das Öl in einem Topf erhitzen. Die Zwiebeln darin glasig braten, bis sie leicht braun sind. Das Currypulver einstreuen und kurz anrösten, dann mit der Gemüsebrühe auffüllen. Tomatenmark, Kartoffel- und Kürbiswürfel hineingeben. Zugedeckt 20 Minuten köcheln lassen.

3 In einer beschichteten Pfanne die Kürbiskerne anrösten, herausnehmen und beiseite stellen. Den Lauch putzen, in feine Ringe schneiden, waschen und gut abtropfen lassen. Die Butter in einer Pfanne erhitzen, den Lauch darin 5 Minuten bei mäßiger Hitze dünsten, ohne dass er braun wird.

4 Die Suppe mit dem Stabmixer fein pürieren und mit Salz, Cayennepfeffer und Muskatnuss abschmecken. Auf Teller verteilen und jeweils 1 EL Lauch, Kürbiskerne und Kürbiskernöl daraufgeben. Die Croutons dazu reichen.

Ein wunderbar **wärmendes Essen**
für die ersten **kühlen Abende!**

- ＊ 1 rote Paprikaschote
- ＊ 1 kleine Zucchini
- ＊ 2 Stangen Staudensellerie
- ＊ 1–2 Knoblauchzehen
- ＊ 200 g Kirschtomaten
- ＊ 100 g Backpflaumen
- ＊ 4 kleine Hokkaido-Kürbisse
  (je ca. 350 g)
- ＊ 4 EL Pflanzenöl
- ＊ 200 ml Gemüsebrühe
- ＊ 150 g Couscous (Instant)
- ＊ 1 TL Sambal Olek
- ＊ ½ TL Kreuzkümmel (Cumin)
- ＊ Salz
- ＊ 2 TL Zitronensaft

Pikanter Couscous-Kürbis

🕑 30 Minuten ＊ Backzeit: 40–50 Minuten ＊ 4 Portionen

1 Paprika, Zucchini und Sellerie waschen und putzen. Die Paprika in 1 cm große Würfel schneiden, die Zucchini in 2 cm große Würfel schneiden, die Sellerie in 2 cm breite Stücke.

2 Den Knoblauch schälen und in dünne Scheiben schneiden. Tomaten und Pflaumen halbieren.

3 Von den Kürbissen den Deckel abschneiden und die Kerne herauskratzen (das geht am besten mit einem Löffel oder einem Kugelausstecher).

4 Denn Backofen auf 200 °C vorheizen. In einer großen beschichteten Pfanne das Öl erhitzen. Paprika, Zucchini und Sellerie darin 2 Minuten anbraten. Knoblauch zugeben, kurz mitbraten. Gemüsebrühe zugießen, aufkochen lassen und das Couscous einrühren. Den Herd ausschalten und das Couscous 5 Minuten quellen lassen.

5 Tomaten und Pflaumen untermengen, mit den Gewürzen, Salz und Zitronensaft abschmecken.

6 Die Kürbisse mit der Gemüse-Couscous-Mischung füllen, den Deckel aufsetzen und 40–50 Minuten im Backofen garen.

Tipp

＊＊＊＊＊＊＊＊＊＊＊＊＊＊＊＊＊＊＊＊＊＊＊＊＊＊＊＊

Das Tolle am Hokkaido: die Schale kann mitgegessen werden!

＊＊＊＊＊＊＊＊＊＊＊＊＊＊＊＊＊＊＊＊＊＊＊＊＊＊＊＊

Servieren Sie **Ofenkartoffeln** mit **Sauerrahm** oder frisches **Baguette** dazu.

Kräuterbutter
* 1 Knoblauchzehe
* 150 g weiche Butter
* 50 g gemischte Kräuter (z. B. Petersilie, Schnittlauch, Estragon, Dill, Kresse, Thymian)
* 2 TL Zitronensaft
* Salz
* Pfeffer aus der Mühle

Fleisch und Gemüse
* 1 Zwiebel
* 600 g Kürbisfleisch (geschält, entkernt)
* ½ grüne Pfefferschote
* 1 kleine Dose Kidneybohnen (240 g Abtropfgewicht)
* 4 EL Pflanzenöl
* 4 Rindersteaks (je ca. 200 g)
* Salz
* Pfeffer aus der Mühle

Außerdem
* Alufolie
* backofenfeste Pfanne

Rindersteak mit Kürbis-Bohnen-Gemüse

🕐 40 Minuten ✳ 4 Portionen

1 Für die Kräuterbutter den Knoblauch durch die Presse in eine Schüssel drücken, die Kräuter fein hacken. Knoblauch mit Butter, Kräutern und Zitronensaft verrühren, mit Salz und Pfeffer abschmecken. In den Kühlschrank stellen.

2 Die Zwiebel schälen und grob würfeln, das Kürbisfleisch in ca. 2 cm große Würfel schneiden, die Pfefferschote entkernen und in feine Ringe schneiden. Die Bohnen abtropfen lassen.

3 Den Backofen auf 120 °C (keine Umluft) vorheizen. Die Steaks mit Salz und Pfeffer würzen. Das Öl in einer Pfanne erhitzen und die Steaks darin auf beiden Seiten je 3 Minuten braten (medium). Herausnehmen, in Alufolie wickeln und warm stellen.

4 Zwiebel- und Kürbiswürfel in dem verbliebenen Fett in der Pfanne 5 Minuten braten. Pfefferschote und die abgetropften Kidneybohnen zugeben, erhitzen und mit Salz abschmecken.

5 Die Steaks aus der Alufolie abtupfen, in die heiße, ofenfeste Pfanne legen und nochmals von beiden Seiten anbraten, mit Salz und Pfeffer würzen. Dann in der Pfanne (oder in einer ofenfesten Form) für 5 Minuten in den warmen Ofen stellen. Danach den Ofen ausschalten und die Steaks bei offener Backofentür weitere 5 Minuten ruhen lassen.

6 Die Steaks auf Tellern anrichten. Den Bratensaft aus der Pfanne unter das Bohnengemüse mischen. Die Kräuterbutter auf den Steaks verteilen und das Gemüse dazu reichen.

- * 2 Zwiebeln
- * 2 Knoblauchzehen
- * 400 g Kartoffeln
- * 800 g Muskatkürbis (entkernt und geschält)
- * 200 g Dicke Bohnen, ca. 500 g mit Schale
- * 200 g Frühstücksspeck (Bacon), in Scheiben
- * 3 EL Pflanzenöl
- * 1 l Gemüsebrühe
- * Salz
- * Pfeffer
- * 1 Lorbeerblatt
- * 2 TL Kümmel
- * 3 Thymianzweige

ürbiseintopf mit Dicken Bohnen

🕐 60 Minuten * 4–6 Portionen

1 Zwiebeln schälen und fein würfeln, den Knoblauch schälen und in feine Scheiben schneiden. Kartoffeln und Kürbis schälen und grob würfeln. Die Dicken Bohnen auspulen.

2 Den Speck in 1 EL des Öls in einem Topf kross ausbraten, herausnehmen und beiseite stellen. Das restliche Öl in den Topf geben und die Zwiebeln glasig braten. Den Knoblauch zugeben, kurz mitbraten, mit der Gemüsebrühe auffüllen und zum Kochen bringen.

3 Kartoffeln und Kürbis in die Brühe geben. Bohnen, Salz, Pfeffer, Lorbeerblatt, Kümmel und Thymian hinzufügen; bedeckt 30 Minuten leicht köcheln lassen.

4 Den Eintopf abschmecken und mit den Speckscheiben garniert servieren.

Tipp

* *

Die Dicke Bohne wird auch Saubohne, Puffbohne, Pferdebohne oder Lederne Jungs genannt. Frisch erhält man sie in den Hülsen und muss sie wie Erbsen auspalen. Man kann auch küchenfertige TK-Ware verwenden.

* *

- ✳ 1 Zwiebel
- ✳ 1 EL Pflanzenöl
- ✳ 400 g Muskatkürbis (geschält und entkernt)
- ✳ 600 g festkochende Kartoffeln
- ✳ 300 g gekochter Schinken (½ cm dicke Scheiben)
- ✳ ½ Bund Petersilie
- ✳ 4 Eier
- ✳ 200 ml Milch
- ✳ 200 ml Sahne
- ✳ Salz
- ✳ Pfeffer
- ✳ ½ TL gemahlener Kümmel
- ✳ ½ TL gemahlener Koriander
- ✳ frisch geriebene Muskatnuss

Außerdem
- ✳ 1 Auflaufform
- ✳ Butter und Semmelbrösel für die Form

Kürbis-Kartoffel-Auflauf

🕐 20 Minuten ✳ Backzeit: 40–45 Minuten ✳ 4 Portionen

1 Den Backofen auf 180 °C (Umluft 160 °C) vorheizen. Die Zwiebel fein würfeln, in einer Pfanne in dem Öl glasig braten und beiseite stellen.

2 Den Kürbis in Spalten, diese in ca. 1 cm dicke Scheiben schneiden. Die Kartoffeln schälen und in ½ cm dicke Scheiben schneiden. Den Schinken würfeln. Die Petersilie hacken.

3 Die Eier mit Milch und Sahne verquirlen, mit Salz, Pfeffer, Kümmel, Koriander und Muskatnuss würzen. Eine feuerfeste Form mit Butter ausstreichen und mit Semmelbrösel ausstreuen.

4 Kürbis, Kartoffeln, Schinken, Petersilie und die vorbereiteten Zwiebeln mischen, in die Form füllen, mit der Eiermilch übergießen und im vorgeheizten Ofen auf der mittleren Schiene 40–45 Minuten backen.

Tipp
✳✳✳✳✳✳✳✳✳✳✳✳✳✳✳✳✳✳✳✳✳✳✳✳✳✳✳✳✳✳
Hierzu passt ein grüner, mit Essig und Kürbiskernöl angemachter Blattsalat, den man mit gerösteten Kürbiskernen bestreut.
✳✳✳✳✳✳✳✳✳✳✳✳✳✳✳✳✳✳✳✳✳✳✳✳✳✳✳✳✳✳

- ✳ 1 Zwiebel
- ✳ 250 g Karotten
- ✳ 2 EL Olivenöl
- ✳ 250 g gemischtes Hackfleisch
- ✳ 2 EL Tomatenmark
- ✳ Salz
- ✳ 1 getrocknete Chilischote
- ✳ ½ TL getrockneter Thymian
- ✳ 100 g Emmentaler
- ✳ 2 Butternuss-Kürbisse (je ca. 800 g)

Gefüllter Butternuss-Kürbis

🕐 45 Minuten ✳ Back- und Kühlzeit: 80 Minuten ✳ 8 Portionen

1 Den Backofen auf 180 °C (Umluft 160 °C) vorheizen. Zwiebel und Karotten schälen, in Würfel schneiden und in 1 EL des Öls in einer Pfanne anbraten. Das Hackfleisch zugeben und braten, bis es krümelig zerfällt. Die Pfanne vom Herd nehmen. Die Chilischote zerreiben, den Käse grob reiben. Tomatenmark, Salz, Chilischote und Thymian zu der Fleischmischung geben und den Emmentaler untermischen.

2 Die Butternuss-Kürbisse längs halbieren, die Kerne und die weichen Fasern mit einem Löffel herauskratzen, mit dem restlichen Öl einpinseln und mit etwas Salz bestreuen.

3 Die Gemüse-Hackfleischfüllung auf die Kürbishälften verteilen. Diese auf das Backblech legen und im vorgeheizten Backofen ca. 40 Minuten garen.

Tipp

✳✳✳✳✳✳✳✳✳✳✳✳✳✳✳✳✳✳✳✳✳✳✳✳✳✳✳✳✳✳

Eine kleine Schüssel mit heißem Wasser mit in den Ofen stellen, das verhindert das Austrocknen, die Masse bleibt saftiger.

✳✳✳✳✳✳✳✳✳✳✳✳✳✳✳✳✳✳✳✳✳✳✳✳✳✳✳✳✳✳

- * 400 g Karotten
- * 300 g Kartoffeln
- * 400 g Kürbis (geschält und entkernt)
- * 30 g Butterschmalz
- * 4 Lachssteaks à 150 g
- * Salz
- * Pfeffer
- * 20 Cocktailtomaten
- * 3 EL Sahne
- * 40 g Butter
- * frisch geriebene Muskatnuss
- * 4 Zweige Basilikum

Lachssteak auf Karotten-Kürbis-Püree

🕐 50 Minuten * 4 Portionen

1. Karotten und Kartoffeln schälen und ebenso wie den Kürbis grob würfeln. Kartoffeln und Karotten in Salzwasser zum Kochen bringen, nach 5 Minuten den Kürbis zugeben und weitere 15 Minuten mit geschlossenem Deckel köcheln lassen.
2. Währenddessen das Butterschmalz in einer Pfanne erhitzen. Die Lachssteaks auf beiden Seiten mit Salz und Pfeffer würzen und im heißen Fett auf beiden Seiten goldbraun braten. Die Cocktailtomaten zugeben und bei mäßiger Hitze weitere 5–6 Minuten braten.
3. Kürbis, Karotten und Kartoffeln nach dem Garen durch ein Sieb abgießen. In einem Topf mit Sahne und Butter vermischen, mit einem Stampfer zu Püree verarbeiten und mit Muskatnuss, Salz und Pfeffer abschmecken.
4. Die Lachssteaks auf dem Püree anrichten. Die Basilikumblätter in Streifen schneiden und mit den Tomaten und dem Bratfett über den Lachssteaks verteilen.

Ein **wunderbares Essen** – auch **für Feiertage** geeignet!

Kürbis-Dip

* 600 g Muskatkürbis (geschält und entkernt)
* 1 Paprikaschote
* 1 TL Zucker
* 2 TL Sambal Olek
* 1–2 EL Zitronensaft
* Sonnenblumenöl
* Salz

Garnelen

* 1 Knoblauchzehe
* 3 EL Pflanzenöl
* 500 g frische Riesengarnelenschwänze (oder aufgetaute TK-Ware)
* Salz

Riesengarnelen mit Kürbis-Dip

🕐 20 Minuten ✳ Backzeit: 30–40 Minuten ✳ 4 Portionen

1 Den Backofen auf 180 °C (Umluft 160 °C) vorheizen. Den Kürbis vierteln, schälen, entkernen und in grobe Würfel schneiden. Auf ein Backblech geben und 40 Minuten im Ofen backen.

2 Die Paprikaschote waschen, vierteln, entkernen und fein würfeln. Das gegarte Kürbisfleisch mit der Gabel fein zerdrücken, mit den Paprikawürfeln verrühren, mit Zucker, Sambal Oelek, Zitronensaft (etwas zurückbehalten) und 2 EL Öl vermischen. Mit etwas Salz abschmecken.

3 Die Knoblauchzehe schälen und längs halbieren.

4 3 EL Öl in einer Pfanne erhitzen und die Garnelenschwänze mit dem Knoblauch darin kurz und kräftig braten. Mit Zitronensaft ablöschen, mit Salz würzen und sofort mit dem Dip servieren.

Tipp

✱✱✱✱✱✱✱✱✱✱✱✱✱✱✱✱✱✱✱✱✱✱✱✱✱✱✱✱✱✱✱✱✱✱✱✱✱✱✱

Reichen Sie hierzu frisch geröstete Baguettescheiben. Den Zitronengeschmack des Dips kann man mit dem frischen Abrieb einer Bio-Zitrone noch verstärken.

✱✱✱✱✱✱✱✱✱✱✱✱✱✱✱✱✱✱✱✱✱✱✱✱✱✱✱✱✱✱✱✱✱✱✱✱✱✱✱

- ✳ 1 kleiner Wirsing (ca. 800 g)
- ✳ 400 g Kartoffeln
- ✳ 500 g Kürbis
- ✳ 1 Zwiebel
- ✳ 100 g Schinkenspeck
- ✳ 300 g Karotten
- ✳ ½ Bund Petersilie
- ✳ 3 EL Pflanzenöl
- ✳ Salz
- ✳ Pfeffer
- ✳ frisch geriebene Muskatnuss
- ✳ ½ TL getrockneter Majoran (oder 2 TL frischer)
- ✳ 50 g Butter
- ✳ 300 ml Gemüsebrühe
- ✳ 2 TL Speisestärke

Außerdem
- ✳ 10 Zahnstocher oder Rouladennadeln
- ✳ 1 Bräter

efüllte Wirsingrouladen

🕐 30 Minuten ✳ Garzeit: 20 Minuten ✳ 4 Portionen

1 Reichlich Salzwasser in einem großen Topf zum Kochen bringen. Die äußeren, großen Wirsingblätter ablösen und ca. 3–5 Minuten darin blanchieren. Herausnehmen, kalt abschrecken und abtropfen lassen, dann die Strünke herausschneiden.

2 Kartoffeln und Kürbis schälen und in 1 cm große Würfel schneiden. Zwiebel und Speck in feine Würfel schneiden. Karotten schälen und in Scheiben schneiden. Petersilie grob hacken. Die Kartoffelwürfel in dem Kohlwasser 10 Minuten kochen, abtropfen lassen.

3 Die Speckwürfel in dem Öl in einer Pfanne kross ausbraten, Zwiebeln zugeben und leicht bräunen. Kürbis- und die gut abgetropften Kartoffelwürfel hinzufügen. Mit Salz, Pfeffer, Muskat und Majoran würzen, vom Herd nehmen.

4 Den Backofen auf 160 °C (Umluft 150 °C) vorheizen. Die Wirsingblätter trocken tupfen, flach ausbreiten, mit je 2–3 EL der Gemüse-Speck-Mischung belegen, aufrollen und mit Zahnstochern verschließen.

5 Die Butter in einem Bräter auf dem Herd erhitzen und die Karottenscheiben 2–3 Minuten darin andünsten. Die Wirsingrollen daraufsetzen, übrig gebliebene Speck-Gemüse-Mischung zugeben, mit Gemüsebrühe aufgießen und einmal aufkochen lassen. Den Bräter in den Backofen geben und die Wirsingrollen 20 Minuten garen.

6 Die Rouladen auf Teller verteilen. Die Speisestärke mit 2–3 EL Wasser glatt rühren, in die Sauce rühren und nochmals aufkochen lassen. Die Petersilie einstreuen und servieren.

Hefeteig

* 10 g Hefe (oder 1 Päckchen Trockenhefe)
* 120 ml lauwarmes Wasser
* 200 g Mehl (+ 30 g Mehl zum Verarbeiten)
* 1 EL Olivenöl
* 1 Prise Salz

Belag

* 100 g Frühstücksspeck (Bacon)
* 300 g Karotten
* 300 g Kürbis (geschält und entkernt)
* 50 g Rucola
* 300 g Crème fraîche
* Salz
* Pfeffer aus der Mühle
* 3 EL Olivenöl

Flammkuchen

🕐 15 Minuten * Geh- und Backzeit: 40 Minuten * 4 Portionen

1 Die Hefe mit lauwarmem Wasser mischen (entfällt bei Verwendung von Trockenhefe). Das Mehl in eine Schüssel sieben, mit der Hefe vermischen und mit Öl und Salz zu einem geschmeidigen Teig verkneten (bei Verwendung von Trockenhefe das lauwarme Wasser zum Mehl geben). Den Teig zugedeckt an einem warmen Ort 30 Minuten gehen lassen.

2 Den Backofen auf 250 °C (Umluft 230 °C) vorheizen. Den Frühstücksspeck in Streifen schneiden, die Karotten und den Kürbis grob raspeln. Rucola waschen und trocknen.

3 Den gegangenen Hefeteig erneut durchkneten und auf einer bemehlten Arbeitsfläche dünn auf Blechgröße ausrollen (oder in 4 Portionen teilen und zu dünnen tellergroßen Kreisen ausrollen).

4 Den Teig mit Crème fraîche bestreichen, mit Kürbis- und Karottenraspel und Speckstreifen belegen. Mit Salz und Pfeffer würzen und ca. 5–7 Minuten backen. Aus dem Ofen nehmen, mit Rucola belegen, mit Olivenöl beträufeln und sofort servieren.

Knuspriger Teig und **aromatischer** Belag –
einfach **köstlich!**

- 750 g Muskatkürbis
- Salz
- 2 Zwiebeln
- 250 g Gänseschmalz
- 2 TL schwarzer Pfeffer, grob geschrotet
- 1 EL frischer Majoran (oder ½ TL getrockneter)

Außerdem
- 2 Einmachgläser à 500 ml

Gänseschmalz-Kürbis-Aufstrich

🕐 20 Minuten ✳ Backzeit: 40 Minuten

1. Den Backofen auf 180 °C (Umluft 160 °C) vorheizen. Den Kürbis vierteln und schälen, die Kerne mit einem Löffel herauskratzen. Den Kürbis in grobe Würfel schneiden, großzügig mit Salz bestreuen, 15 Minuten ruhen lassen, dann gut mit Küchenpapier abtupfen und 40 Minuten im vorgeheizten Ofen backen.

2. Die Zwiebeln fein würfeln und in 100 g des Gänseschmalzes in der Pfanne langsam goldbraun rösten.

3. Den gebackenen Kürbis mit einer Gabel zerdrücken. Das restliche Gänseschmalz, Pfeffer, gehackten Majoran und die gebräunten Zwiebeln mit dem Fett unter die Kürbismasse mischen. Den Aufstrich mit Salz abschmecken und zimmerwarm in die heiß ausgespülten Einmachgläser füllen.

Auf frischem Bauernbrot ist dies
ein echter Gaumenschmaus, den man
(nicht nur) für unerwarteten **Besuch**
immer im Haus haben sollte.

ℰingelegter Balsamico-Kürbis

🕐 30 Minuten * Marinierzeit: 1 Stunde * 4 Portionen als Vorspeise

1 Das Kürbisfleisch in Spalten schneiden und in etwas Öl braten, bis es leicht gebräunt ist. Die Rosinen und 2–3 EL Wasser zugeben und mit geschlossenem Deckel 3 Minuten dünsten.

2 Den Balsamico mit grünem Pfeffer, Salz und eventuell den Sauerampferblättern verrühren, nach und nach das restliche Öl unterrühren. Kürbis mit Marinade und Rosinen mischen und mindestens 1 Stunde ziehen lassen.

* 400 g Muskatkürbis (geschält und entkernt)
* 5 EL Sonnenblumenöl
* 40 g Rosinen
* 5 EL weißer Balsamicoessig
* 1 EL grüner Pfeffer aus dem Glas
* Salz
* eventuell 10 Blätter Sauerampfer

- ✳ 300 g Butternuss-Kürbis
- ✳ 2 rosa Grapefruits
- ✳ 1 Avocado
- ✳ Saft von 1 Zitrone
- ✳ 1 Frühlingszwiebel
- ✳ 4 Zweige Koriander
- ✳ Salz
- ✳ Pfeffer
- ✳ Zucker
- ✳ 3 EL Sonnenblumenöl
- ✳ 1 TL rosa Pfefferbeeren

Kürbissalat mit Avocado und Grapefruit

🕐 20 Minuten ✳ 4 Portionen

1 Den Kürbis vierteln, schälen und entkernen, mit dem Sparschäler in dünne Streifen schneiden. Die Grapefruits schälen und filetieren (den austretenden Saft auffangen). Die Avocado halbieren, das Fleisch mit einem Esslöffel aus der Schale nehmen, in Schnitze schneiden und sofort mit etwas Zitronensaft beträufeln. Frühlingszwiebel und Koriander waschen und klein schneiden.

2 Alle Zutaten für den Salat in eine Schüssel geben. Grapefruit- und Zitronensaft mit Salz, Pfeffer und Zucker mischen und mit dem Öl zu einem Dressing verrühren.

3 Den Salat mit dem Dressing anrichten, auf Schalen verteilen und mit zerriebenen Pfeffer-beeren und einigen Korianderblättchen garnieren.

Tipp

✳✳✳✳✳✳✳✳✳✳✳✳✳✳✳✳✳✳✳✳✳✳✳✳✳✳✳✳✳✳✳

Avocados der Sorte Hass sehen zwar nicht so schön aus – sie sind braun und runzelig – aber sie sind besonders aromatisch.

✳✳✳✳✳✳✳✳✳✳✳✳✳✳✳✳✳✳✳✳✳✳✳✳✳✳✳✳✳✳✳

Tipp

* *

Auch Karotten schmecken vom Grill prima. Die geschälten Karotten 4-6 Minuten in kochendem Salzwasser garen. Dann mit Knoblauchbutter eingerieben 6-8 Minuten von allen Seiten grillen.

* *

Kürbis und Mais vom Grill

🕐 20 Minuten * Grillzeit: 10 Minuten * 4 Portionen

1 Die Maiskolben ca. 10 Minuten in siedendem Salzwasser vorgaren. Den Kürbis halbieren, die Kerne mit einem Löffel entfernen. Die Hälften ungeschält in ca. 1 ½ cm dicke Spalten schneiden.

2 Die Peperoni halbieren, die Kerne herauskratzen, das Fruchtfleisch fein hacken und mit dem groben Meersalz und dem Öl vermischen.

3 Die Kürbisspalten und die vorgegarten Maiskolben mit dem Öl bestreichen und auf dem Holzkohlengrill unter mehrmaligem Wenden ca. 10 Minuten von allen Seiten grillen.

Absolut
empfehlenswert!

* 4 frische Maiskolben
* 600 Hokkaido (entkernt)
* 1 Peperoni
* grobes Meersalz
* 3 EL Pflanzenöl

Ein **fruchtig-aromatisches** Herbstpotpourri.

- ✳ 1 Hokkaido (ca. 1 kg)
- ✳ 3 EL Pflanzenöl
- ✳ Salz
- ✳ Pfeffer
- ✳ 1 Apfel (z. B. Cox Orange)
- ✳ 1 Birne (z. B. Williams Christ)
- ✳ 4 EL Zitronensaft
- ✳ 2 Zweige glatte Petersilie
- ✳ 2 Zweige Zitronenmelisse
- ✳ 1 rote Zwiebel
- ✳ grobes Meersalz

Außerdem
- ✳ 1 feuerfeste Schale

Gebackener Kürbis mit Apfel und Birne

🕐 20 Minuten ✳ Backzeit: 20–25 Minuten ✳ 4 Portionen

1 Den Backofen auf 200 °C (Umluft 180 °C) vorheizen. Den Kürbis waschen und halbieren, die Kerne mit einem Löffel herauskratzen. Jede Hälfte ungeschält in ca. 5–6 gleichmäßige Spalten schneiden.

2 2 EL Pflanzenöl mit Salz und Pfeffer verrühren. Die Kürbisspalten beidseitig damit einpinseln, auf ein Backblech legen und 20–25 Minuten backen.

3 Apfel und Birne waschen, vierteln und die Kerngehäuse herausschneiden. Die Früchte fein würfeln, in eine feuerfeste Schale geben und mit 2 EL Zitronensaft benetzen. Während der letzten 10 Minuten zu den Kürbisspalten in den Backofen stellen.

4 Den restlichen Zitronensaft mit einer Prise Salz und dem restlichen Öl verrühren. Petersilien- und Melisseblätter von den Stielen zupfen, waschen, gut abtupfen und grob hacken (einige Blätter als Garnierung aufheben). Die Zwiebel schälen und fein würfeln. Alles zusammen mit den noch warmen Apfel- und Birnenwürfeln vermengen.

5 Die Kürbisspalten auf Tellern anrichten, mit Salz bestreuen und zusammen mit der Apfel-Birnen-Mischung servieren.

Tipp

✳✳✳✳✳✳✳✳✳✳✳✳✳✳✳✳✳✳✳✳✳✳✳✳✳✳✳✳✳✳✳✳✳

Ein erfrischender Apfelschaumwein (Cidre) ist hier der ideale Begleiter.

✳✳✳✳✳✳✳✳✳✳✳✳✳✳✳✳✳✳✳✳✳✳✳✳✳✳✳✳✳✳✳✳✳

Kürbis mit Steinpilzen

🕐 20 Minuten ✱ 4 Portionen

1 Den Kürbis vierteln, mit einem Löffel die Kerne herauskratzen, den Kürbis schälen und in mundgerechte Würfel schneiden. Die Steinpilze putzen und – je nach Größe – in Stücke schneiden. Den geschälten Knoblauch fein würfeln. Die gewaschene, trocken getupfte Petersilie hacken.

2 Das Olivenöl in einer großen beschichteten Pfanne erhitzen und die Kürbiswürfel darin anbraten. Nach ca. 5 Minuten die Steinpilze zufügen und weitere 10 Minuten bei großer Hitze unbedeckt braten, dabei gelegentlich wenden. Knoblauch und grünen Pfeffer zugeben, mit Salz würzen und mit Petersilie bestreut servieren.

Kürbis lässt sich auch sehr gut mit anderen **Waldpilzen** kombinieren.

* 800 g Muskatkürbis
* 400 g frische Steinpilze
* 2 Knoblauchzehen
* ½ Bund Petersilie
* 4 EL Olivenöl
* Salz
* 1 EL frischer grüner Pfeffer (oder eingelegter aus dem Glas)

Teig

* 120 g getrocknete Cranberrys
* 3 EL Rum
* 300 g Kürbis (geschält und entkernt)
* 40 g Butter

* 200 g Marzipanrohmasse
* 200 g gemahlene Mandeln
* 100 g gehackte Mandeln
* 2 TL Zimt
* 1 Päckchen Vanillezucker
* 6 Eier
* 200 g Zucker

Garnierung

* 200 g Schokoglasur (Fertigprodukt)
* 30 g gehackte Pistazien

Außerdem

* 1 Springform (28 cm Durchmesser)
* Butter und Semmelbrösel für die Form

Kürbistorte mit Cranberrys

🕐 30 Minuten * Backzeit: 50 Minuten * 12 Portionen

1. Den Backofen auf 180 °C (Umluft 160 °C) vorheizen. Die Cranberrys mit Rum beträufeln und durchziehen lassen.
2. Das Kürbisfleisch grob raspeln, 5 Minuten in der Butter dünsten und beiseite stellen.
3. Das Marzipan grob raspeln. Mandeln, Zimt, Vanillezucker und Marzipan in einer Schüssel vermischen, Cranberrys und Kürbis zugeben.
4. Die Eier sorgfältig trennen. Die Eigelbe mit der Hälfte des Zuckers schaumig rühren, das Eiweiß mit dem restlichen Zucker zu steifem Schnee (schnittfest) schlagen. Beides auf die Marzipanmasse geben und unterheben.
5. Die Springform ausbuttern und mit Semmelbröseln bestreuen. Die lockere Masse einfüllen und 50 Minuten mit Ober- und Unterhitze backen.
6. Die Kürbistorte erkalten lassen. Die Schokoglasur im Wasserbad nach Packungsanweisung verflüssigen. Die Torte damit überziehen und mit den gehackten Pistazien bestreuen.

Tipp

Behalten Sie etwas Kürbis und einige Cranberrys zum Garnieren zurück.

Schmeckt **himmlisch** mit einer cremigen **Schokoladen**sauce.

* 800 g Hokkaido (geschält und entkernt)
* 1 gestrichener TL Zimt
* 2 EL Zucker
* 4 Blatt weiße Gelatine
* 200 g Sahne
* 1 Päckchen Vanillezucker

Außerdem
* 100 g Schoko-Cornflakes (z. B. Chocos von Kellog's)
* Kakao zum Bestäuben

Kürbismousse mit Schoko-Cornflakes

🕐 50 Minuten ✳ Kühlzeit: 3 Stunden ✳ 4 Portionen

1 Den Backofen auf 180 °C (Umluft 160 °C) vorheizen. Das Kürbisfleisch in 2 cm dicke Scheiben schneiden und 30 Minuten im Ofen backen. Den gebackenen Kürbis (ein wenig zum Garnieren zurückbehalten) mit dem Stabmixer pürieren und Zimt und Zucker einrühren.

2 Die Gelatine 5 Minuten in kaltem Wasser einweichen, dann tropfnass mit 2 EL Kürbispüree in einem Topf bei milder Hitze unter ständigem Rühren vollständig auflösen. Etwa 2 EL von dem Kürbispüree unter die Gelatine rühren. Dies in das restliche Kürbispüree einrühren und die Masse in den Kühlschrank stellen.

3 Sobald die Kürbismasse anfängt zu gelieren, die Sahne mit dem Vanillezucker steif schlagen und vorsichtig unterheben. Die Mousse 2–3 Stunden in den Kühlschrank stellen.

4 Zum Anrichten mit zwei Esslöffeln Nocken von der Mousse abstechen. Schoko-Cornflakes und Würfelchen aus dem zurückbehaltenen Kürbisstück um die Nocken verteilen, mit Kakaopulver bestäuben.

Tipp

Für eine köstliche Schokoladensauce lassen Sie 150 g Zartbitterschokolade im Wasserbad schmelzen und rühren dann 150 ml erhitzte Sahne dazu.

- ✳ 4 Hähnchenkeulen
- ✳ 400 g Schalotten
- ✳ 400 g Karotten
- ✳ 2 Knoblauchzehen
- ✳ Salz
- ✳ Pfeffer
- ✳ 4–5 EL Olivenöl
- ✳ 30 g Butterschmalz
- ✳ 1 EL Zucker
- ✳ 2 EL Tomatenmark
- ✳ 400 ml Weißwein
- ✳ 1 EL Mehl
- ✳ 400 ml Geflügelfond (aus dem Glas)
- ✳ 4 Zweige Thymian
- ✳ 2 Zweige Rosmarin

Geschmortes Hähnchen in Weißweinsauce

🕐 30 Minuten ✳ Garzeit: 50 Minuten ✳ 4 Portionen

1. Die Hähnchenkeulen kalt abspülen und trocken tupfen. Schalotten, Karotten und Knoblauch schälen. Die Schalotten halbieren, die Karotten längs vierteln und in 4 cm lange Stifte schneiden.

2. Die Hähnchenkeulen salzen und pfeffern. Olivenöl und Butterschmalz in einem Bräter auf dem Herd erhitzen, die Keulen darin rundum goldbraun anbraten, herausnehmen und beiseite stellen.

3. Schalotten und Knoblauch im Bratfett anbräunen, herausnehmen und beiseite stellen.

4. Zucker und Tomatenmark 1–2 Minuten im Fett anrösten, mit der Hälfte des Weißweins ablöschen, dann den Wein fast völlig einkochen lassen. Mit dem Mehl bestäuben und 2 Minuten rösten.

5. Den Backofen auf 170 °C vorheizen. Geflügelfond und den restlichen Wein angießen, einmal aufkochen lassen. Die Hähnchenkeulen zugeben und bei mäßiger Hitze bedeckt 30 Minuten garen. Dann Karotten, Schalotten, Knoblauch und Kräuter zugeben.

6. Den Bräter ohne Deckel in den Backofen stellen und weitere 20 Minuten garen. Mit Salz und Pfeffer abschmecken; mit Baguette und einem grünen Salat servieren.

Tipp

✳✳✳✳✳✳✳✳✳✳✳✳✳✳✳✳✳✳✳✳✳✳✳✳✳

Gönnen Sie sich für dieses leckere Essen ein Bio-Huhn.

✳✳✳✳✳✳✳✳✳✳✳✳✳✳✳✳✳✳✳✳✳✳✳✳✳

- 200 g Karotten
- 100 g Staudensellerie
- 1 gelbe Paprikaschote
- ½ kleine Chilischote
- 200 g junger Blattspinat
- 150 g Zuckererbsen
- 200 g Risoni Reisnudeln
- 5 EL Olivenöl
- Salz
- 20 schwarze Oliven ohne Stein
- 1 TL Zucker
- ½ Bund Dill
- 300 g Joghurt
- Pfeffer

Gemüsepfanne mit Dilljoghurt

🕐 30 Minuten ✳ 4 Portionen

1 Alle Gemüse waschen. Karotten und Staudensellerie schälen und in feine Scheiben schneiden, Paprikaschote entkernen und grob würfeln, Chilischote entkernen und in feine Ringe schneiden. Den Spinat verlesen.

2 Die Zuckererbsen in kochendem Salzwasser 2–3 Minuten blanchieren und kalt abschrecken. Die Reisnudeln im selben Wasser nach Packungsanleitung nicht zu weich kochen und abgießen.

3 Das Öl in einer Pfanne erhitzen und Karotten, Paprika, Sellerie und Chili darin anbraten. 2–3 EL Wasser zugeben und bei mäßiger Hitze 5 Minuten bedeckt garen, dann Zuckererbsen, Spinat, Oliven und Nudeln zugeben. Die Temperatur etwas höher stellen, alles mischen und kurz braten, mit Salz und Zucker abschmecken.

4 Den Dill hacken, unter den Joghurt mischen, mit Salz und Pfeffer abschmecken und zu dem Gemüse reichen.

Dies ist ein herrlich leichtes, schnelles Essen.

- ✳ 400 g Karotten
- ✳ 300 g Brokkoli
- ✳ 30 g Butter
- ✳ 1 TL Zucker
- ✳ 2–3 TL Currypulver
- ✳ 100 g Frischkäse
- ✳ 100 g Créme fraîche

- ✳ 4 Eier
- ✳ Salz
- ✳ Pfeffer

Außerdem
- ✳ 1 Terrinenform von 1 l Inhalt
- ✳ Butter für die Form
- ✳ 1 großen Bräter

Karotten-Brokkoli-Terrine

🕐 20 Minuten ✳ Garzeit: 40 Minuten ✳ 4–6 Portionen

1 Den Backofen auf 180 °C (Umluft 160 °C) vorheizen. Die Karotten schälen und klein würfeln. Den Brokkoli waschen, die kleinen Röschen abtrennen und beiseite legen, die dicken Stiele schälen und in 1 cm große Würfel schneiden.

2 Butter in einer Pfanne erhitzen, Karotten- und Brokkoliwürfel darin 3 Minuten bei mäßiger Hitze garen. Zucker, Curry und Brokkoliröschen untermischen und die Pfanne vom Herd nehmen.

3 Frischkäse und Crème fraîche gut mit den Eiern verrühren, mit Salz und Pfeffer abschmecken.

4 Die Terrinenform mit Butter ausstreichen. Das Gemüse aus der Pfanne hineingeben und mit der Eimasse übergießen.

5 Die Terrine in den Bräter stellen und so viel kochendes Wasser in den Bräter gießen, dass die Terrine zur Hälfte im Wasser steht. In den Backofen geben und 40 Minuten garen.

6 Die Gemüseterrine abkühlen lassen, mit Hilfe eines scharfen Messers vom Rand lösen und auf eine Platte stürzen. In Scheiben schneiden und zu einem Salat servieren.

Tipp
✱✱✱✱✱✱✱✱✱✱✱✱✱✱✱✱✱✱✱✱✱✱✱✱✱✱✱✱✱✱

Man kann die Masse auch in 4–6 kleine Timbaleförmchen geben. Die Garzeit verringert sich dann auf ca. 25 Minuten.

✱✱✱✱✱✱✱✱✱✱✱✱✱✱✱✱✱✱✱✱✱✱✱✱✱✱✱✱✱✱

Ali-Baba-Reis
* 2 EL Rosinen
* 2 EL Zitronensaft
* 400 g Karotten
* 1 Zwiebel
* 1 EL Pflanzenöl
* 300 ml Gemüsebrühe
* 150 g Langkornreis
* 1 kleine Chilischote

* ½ Zimtstange
* 2 Gewürznelken
* 30 g Pinienkerne
* 5 Zweige Minze

Lamm-Köfte
* 600 g Lammhackfleisch
* 1 Zwiebel
* 1–2 Knoblauchzehen
* 1 Bund Petersilie

* 1 Msp gemahlener Piment
* ½ TL Paprika (scharf)
* ½ TL Kreuzkümmel, gemahlen
* 40 g Rosinen
* 1 TL Salz
* 4 EL Olivenöl

Ali-Baba-Reis mit Lamm-Köfte

🕐 40 Minuten * 4 Portionen

1 Die Rosinen im Zitronensaft einweichen. Die Karotten schälen und in 1 cm große Würfel schneiden. Die Zwiebel fein würfeln und in einem Topf im Öl glasig dünsten, mit der Gemüsebrühe ablöschen, aufkochen lassen. Den gewaschenen Reis hineingeben und bei mäßiger Hitze bedeckt 15 Minuten garen.

2 Karottenwürfel, Chilischote, Zimtstange und Nelken zugeben und weitere 10–15 Minuten garen.

3 Die Pinienkerne in einer trockenen Pfanne rösten. Die Minzeblätter in feine Streifen schneiden, zusammen mit den eingeweichten Rosinen unter den Reis mischen.

4 Für die Köfte Zwiebel, Knoblauch und Petersilie hacken. Alle Zutaten, bis auf das Öl, in eine Schüssel geben und zu einem Fleischteig verkneten.

5 Mit nassen Händen aus dem Fleischteig flache Fladen formen, mit Olivenöl bestreichen und auf dem heißen Holzkohlengrill (auch Backofengrill oder Grillpfanne) auf jeder Seite ca. 3 Minuten braten.

Reichen Sie hierzu einen erfrischenden Minze-Gurken-Joghurt. Ali Baba würde noch Granatapfelkerne dazu bestellen.

- 1 kg Kalbsschulter
- 3 Zwiebeln
- 4 EL Öl
- 1 TL Zucker
- Salz
- 1 EL Paprikapulver (edelsüß)
- 1 EL Tomatenmark
- ¼ l Weißwein
- 800 ml Kalbsfond aus dem Glas
- 500 g Karotten
- 1 Bio-Zitrone
- 200 g saure Sahne
- 1 EL Mehl
- 1 Bund Estragon

Kalbsrahmgulasch mit Estragon-Karotten

🕐 1 Stunde ✳ 4–6 Portionen

1 Das Fleisch in 3 cm große Würfel schneiden. Die Zwiebeln fein würfeln.

2 Das Öl in einem Schmortopf erhitzen, die Zwiebeln darin hellbraun braten, Fleisch und Zucker zugeben und unter gelegentlichem Wenden ca. 5 Minuten anbraten. Salz, Paprikapulver und Tomatenmark zugeben und durchrühren. Weißwein und Kalbsfond angießen und bedeckt 40 Minuten köcheln lassen.

3 Die Karotten schälen und grob würfeln. Die Zitrone dünn schälen (ohne die weiße Haut) und ein Stück Zitronenschale mit den Karotten zum Fleisch geben, weitere 10 Minuten köcheln lassen.

4 Saure Sahne und Mehl mit einem kleinen Schneebesen verrühren, zügig in die Fleischsauce einrühren und noch einmal aufkochen lassen. Die Estragonblätter von den Stielen zupfen und an das Gulasch geben, mit Salz und einem Spritzer Zitronensaft abschmecken.

Tipp
✱✱✱✱✱✱✱✱✱✱✱✱✱✱✱✱✱✱✱✱✱✱✱✱✱✱✱✱✱✱

Statt Kalbsschulter kann man auch Kalbshaxe oder Wadschenkel verwenden, allerdings verlängert sich dann die Garzeit.
✱✱✱✱✱✱✱✱✱✱✱✱✱✱✱✱✱✱✱✱✱✱✱✱✱✱✱✱✱✱

* 10 g Ingwerwurzel
* 400 g Karotten (siehe Tipp)
* 30 g Butter
* 1 l Gemüsebrühe
* 1 Bio-Limette

* 1 reife Mango (ca. 400 g)
* 1 TL Speisestärke
* Salz
* Cayennepfeffer
* Croutons (nach Geschmack)

Karottensuppe mit Mango

🕐 30 Minuten * 4 Portionen

1 Den Ingwer schälen und reiben. Die Karotten schälen, in dünne Scheiben schneiden und in der Butter 3 Minuten anbraten, dann den Ingwer zugeben. Mit der Gemüsebrühe auffüllen und bedeckt 20 Minuten köcheln lassen.

2 Die Limette heiß abwaschen, die Schale dünn abschälen und in schmale Streifen schneiden (evtl. mit einem Zestenreißer), den Saft auspressen. Die Mango schälen, das Fruchtfleisch vom Kern schneiden, würfeln und in die Suppe geben (einige Mangowürfel und gekochte Karottenscheiben als Suppeneinlage zurückbehalten).

3 Die Suppe mit dem Stabmixer pürieren. Die Speisestärke mit dem Limettensaft anrühren, in die Suppe geben und sie noch einmal aufwallen lassen.

4 Die Suppe mit Salz und Cayennepfeffer abschmecken und auf Schalen oder Teller verteilen. In jede Portion ein paar Mangowürfel und Karottenscheiben geben und etwas von den Limettenzesten darüberstreuen. Nach Belieben Croutons dazu reichen.

Tipp

* *

Die Karotten, die ursprünglich aus dem vorderen Orient nach Europa kamen, waren fast schwarz. Im 17. Jahrhundert kreuzten Holländer sie mit gelben Sorten, sodass unsere orangefarbenen Karotten entstanden. Gelegentlich werden auf Märkten wieder dunkelviolette Urkarotten und Kreuzungen mit roten Beten angeboten. Für dieses Rezept wurde eine Urkarotte genommen, Sie können es aber auch mit der ganz normalen Karotte nachkochen.

* *

Karotten-Thunfisch-Aufstrich

🕐 20 Minuten * 4 Portionen

1 Die Eier hart kochen (10 Minuten). Die Karotten schälen, grob raspeln und mit dem Zitronensaft beträufeln. Den Thunfisch in einem Sieb abtropfen lassen. Die Sardellenfilets in kleine Würfel schneiden.

2 Die Eier kalt abschrecken, schälen und würfeln. Den Schnittlauch mit einer Küchenschere in feine Röllchen schneiden.

3 Den Thunfisch mit 2 Gabeln in kleine Stücke zupfen. Mit Karotten, Sardellen, Eiern, Kapern, Schnittlauch und der Mayonnaise in einer Schüssel vermischen und mit Salz und Pfeffer abschmecken.

Zu dieser **mediterran inspirierten** Vorspeise schmeckt am besten **frisches Ciabatta-Brot.**

* 3 Eier
* 250 g Karotten
* 1 EL Zitronensaft
* 125 g Thunfisch in Lake
* 3 eingelegte Sardellenfilets
* 1 Bund Schnittlauch
* 2 EL Kapern
* 150 g Mayonnaise
* Salz
* Pfeffer

- ✳ 800 g Karotten
- ✳ 1 rote Paprikaschote
- ✳ 1 Zwiebel
- ✳ 1 Bio-Limette
- ✳ 3 TL Salz
- ✳ 50 g Zucker
- ✳ 2 Lorbeerblätter
- ✳ 2 EL Senfkörner
- ✳ 1 TL schwarze Pfefferkörner
- ✳ 300 ml Weißweinessig
- ✳ 5 Zweige Dill

Außerdem
- ✳ 4 Einmachgläser à 500 ml

Süß-sauer eingelegte Karotten

🕐 35 Minuten

1 Die Karotten schälen und in 1 cm dicke Scheiben schneiden. Die Paprikaschote waschen, vierteln, entkernen und grob würfeln. Die Zwiebel in feine Ringe, die gewaschene Limette in Scheiben schneiden.

2 Die Gemüse in 1 l leicht gesalzenem, kochendem Wasser 3 Minuten blanchieren, mit einem Schaumlöffel herausheben und auf einem Sieb kalt abschrecken.

3 Den Blanchiersud mit Salz, Zucker, Lorbeerblatt, Senf- und Pfefferkörnern 5 Minuten köcheln lassen. Den Sud vom Herd nehmen, Weißweinessig, Limettenscheiben und den grob gezupften Dill hineingeben.

4 Karotten, Paprika und Zwiebeln gleichmäßig auf die heiß ausgespülten Einmachgläser verteilen. Mit dem heißen Sud bedecken und sofort fest verschließen. Vor dem Verzehr mindestens einen Tag durchziehen lassen.

Tipp

✳✳✳✳✳✳✳✳✳✳✳✳✳✳✳✳✳✳✳✳✳✳✳✳✳✳✳✳✳✳
Kühl und dunkel gelagert halten sich die Karotten ca. 1 Monat.
✳✳✳✳✳✳✳✳✳✳✳✳✳✳✳✳✳✳✳✳✳✳✳✳✳✳✳✳✳✳

- 200 g Karotten
- 100 g Zucchini
- 30 g Pistazien
- 4 Eier
- 100 g Zucker
- 100 g Crème fraîche
- 4 cl (40 ml) Holunderblüten-Sirup

- 200 g Mehl
- 1 TL Backpulver
- Salz

Außerdem
- Muffinblech
- Butter und Semmelbrösel für die Form

Kleine Karotten-Zucchini-Kuchen

🕐 25 Minuten * Backzeit: 25 Minuten * 12 Muffins

1 Den Backofen auf 180 °C (Umluft 160 °C) vorheizen. Karotten und Zucchini waschen und grob raspeln. Die Pistazien grob hacken.

2 Die Eier trennen. Das Eigelb mit 50 g Zucker in einer großen Rührschüssel schaumig schlagen. Crème fraîche und Holunderblütensirup, Karotten- und Zucchiniraspel sowie Pistazien untermischen.

3 Das Eiweiß mit dem restlichen Zucker und einer Prise Salz steif schlagen und auf die Teigmischung geben. Das Mehl mit dem Backpulver mischen, darübersieben und alles unterheben.

4 Die Backform buttern und mit Semmelbrösel ausstreuen. Den Teig in die Mulden füllen und 35 Minuten backen. (In einzelnen Förmchen sind die Muffins bereits in 25 Minuten gar.)

Tipp

* *

Den Holunderblütensirup kann auch durch italienischen Zitronenlikör (Limoncello) ersetzt werden.

* *

Ein **leckerer Pausensnack**,
der den Körper mit
guter Energie versorgt.

Pausensnack mit Karotten

🕐 12 Minuten ✳ 2 Portionen

1 Die Karotten schälen und fein raspeln. Die Bananen in Scheiben schneiden und den Zitronensaft darüber träufeln.

2 Den Joghurt mit Haferflocken, Honig, Leinsamen und Erdnüssen vermischen, zuletzt die Karotten und Bananenscheiben unterheben.

* 250 g Karotten
* 2 Bananen
* 2 EL Zitronensaft
* 300 g Joghurt
* 60 g Haferflocken
* 4 EL Honig
* 2 EL Leinsamen
* 4 EL Erdnüsse, geröstet und gesalzen

- ✳ 800 g Karotten
- ✳ 2 EL Butter
- ✳ Salz
- ✳ 4 TL Zucker
- ✳ 1 TL Mehl
- ✳ 1 säuerlicher Apfel
- ✳ 250 g Magerquark
- ✳ 1 TL Meerrettich (aus dem Glas)
- ✳ 2 TL Zitronensaft
- ✳ Pfeffer
- ✳ 3 Zweige Minze

Glasierte Karotten mit Apfelquark

🕐 20 Minuten ✳ 4 Portionen als Vorspeise

1 Die Karotten schälen, je nach Dicke längs halbieren oder vierteln, dann quer in 5 cm lange Stifte schneiden.

2 Die Butter in einer beschichteten Pfanne erhitzen, die Karottenstifte darin anbraten, mit Salz und Zucker würzen. Das Mehl darübersieben, 3 EL Wasser zugeben, durchmischen und bedeckt bei mäßiger Hitze 5 Minuten garen.

3 Den Apfel grob raspeln, mit Quark, Meerrettich und Zitronensaft verrühren, mit Salz und Pfeffer abschmecken. Die Blätter von den Minzezweigen zupfen (4 Blätter als Garnierung zurückbehalten), in feine Streifen schneiden und unter den Apfelquark heben.

4 Die Karotten auf Tellern anrichten und mit dem Apfelquark servieren.

Tipp

✳✳✳✳✳✳✳✳✳✳✳✳✳✳✳✳✳✳✳✳✳✳✳✳✳✳✳✳✳✳✳✳✳✳✳

Wenn Sie die Karotten als kalte Vorspeise oder zum Mitnehmen zubereiten wollen, sollten Sie statt der Butter 2–3 EL Sonnenblumenöl nehmen.

✳✳✳✳✳✳✳✳✳✳✳✳✳✳✳✳✳✳✳✳✳✳✳✳✳✳✳✳✳✳✳✳✳✳✳

- * 30 g Rosinen
- * 3 TL Rum
- * 600 ml Milch
- * 60 g Zucker
- * Mark aus ½ Vanilleschote

- * 150 g Rundkornreis
- * 200 g Karotten
- * 2 Eier
- * 1 Prise Salz
- * 3 TL Butterschmalz

Milchreis-Karotten-Küchlein

🕐 40 Minuten * 4 Portionen

1 Die Rosinen mit dem Rum übergießen und marinieren lassen. Die Milch mit Zucker, Vanillemark und -schote erhitzen, den Reis einrühren und bedeckt bei milder Hitze knapp 30 Minuten ziehen lassen. Zwischendurch mehrmals umrühren.

2 Die Karotten waschen, schälen und fein raspeln. Die Eier trennen.

3 Den Milchreis vom Herd nehmen, die Vanilleschote entfernen. Die Rosinen mit Rum, Karottenraspel und Eigelb in den Reis rühren. Das Eiweiß mit einer Prise Salz steif schlagen und den Eischnee unter die Reismasse heben.

4 Butterschmalz in einer Pfanne erhitzen. Mit einem Esslöffel kleine Portionen der Reismasse hineinsetzen, mit dem Löffelrücken ein wenig flach drücken und bei mäßiger Hitze auf beiden Seiten goldbraun backen.

Tipp

****

Servieren Sie gemischte frische Früchte der Saison zu den Küchlein. Hervorragend passt auch Kirsch- oder Granatapfelsirup dazu.

****

An der Küste ist dies
ein beliebtes Gericht
nachmittags zum Kaffee.

71

- ✳ 10 g frische Ingwerwurzel
- ✳ 400 g junge Karotten
- ✳ 3 EL Sonnenblumenöl
- ✳ 2 TL Zucker
- ✳ Salz
- ✳ 250 ml Orangensaft
- ✳ ½ TL Speisestärke
- ✳ 1 EL Zitronensaft
- ✳ ½ Bund Dill

Ingwer-Karotten (auf dem Foto unten)

🕐 30 Minuten ✳ Marinierzeit: 1 Stunde ✳ 4 Portionen als Vorspeise

1 Den Ingwer schälen und in feine Scheiben schneiden. Die Karotten schaben.

2 Das Öl in eine Pfanne geben. Die Karotten im Ganzen mit Ingwer, Zucker und Salz darin leicht anbraten. Den Orangensaft angießen und mit geschlossenem Deckel 15 Minuten köcheln lassen.

3 Die Karotten aus dem Sud heben. Die Speisestärke mit etwas Wasser anrühren, in den Sud gießen und aufkochen lassen. Mit Zitronensaft abschmecken. Die Karotten mit dem Sud beträufeln und mit grob geschnittenem Dill bestreuen. Mindestens 1 Stunde marinieren lassen.

**Lassen Sie ein wenig Grün
an den Karotten stehen, das ergibt
einen hübschen Farbkontrast.**

Rezeptregister

ISBN: 978-3-572-08060-1

© 2012 by Bassermann Inspiration, einem Unternehmen der
Verlagsgruppe Random House GmbH, 81673 München

Umschlaggestaltung: Atelier Versen, Bad Aibling
Layout: Katharina Schweissguth, Visuelle Kommunikation, München
Herstellung: ELke Cramer
Bildredaktion: Sabine Kestler
Projektleitung: Anja Halveland
Fotografie: Karl Newedel, mit Ausnahme von: Istockphoto: U4 u.
(Denys Prokofyev); photodisc: 9; stockfood, München: U1 (Magdalena &
Krzysztopf Duklas); Südwest Verlag Archiv: 47

Satz: Nadine Thiel | kreativsatz, Baldham
Reproduktion: Regg Media GmbH, München
Druck und Verarbeitung: Mohn media Mohndruck GmbH, Gütersloh

Printed in Germany

Verlagsgruppe Random House FSC-DEU-0100
Das für diesen Titel verwendete FSC®-zertifizierte Papier *Profisilk* wurde
produziert von Sappi Alfeld.

817 2635 4453 6271

Verlockende
Rezepte

KARL NEWEDEL

Grüner & weißer Spargel

80 Seiten, vierfarbig, gebunden
ISBN 978-3-572-08040-3

Vom gleichen Autor: Karl Newedel, Profikoch und Food-Fotograf, hat die verlockenden Rezepte für dieses Gemüse entwickelt. Seine Kompositionen, zum Beispiel die pikanten Spargelknödel und das feurig-zarte Spargelcurry, sind purer Genuss.

Überall erhältlich, wo es Bücher gibt.

Bassermann Inspiration

www.bassermann-verlag.de

Feinste
Früchte

80 Seiten, vierfarbig, gebunden
ISBN 978-3-572-08059-5

In diesem Buch finden Sie klassische Rezepte aus der Kinderzeit wie die Holundersuppe mit den Schnee-Eiern und himmlisches Pflaumenmus, aber auch ganz innovative Rezeptideen wie Hähnchensalat mit Apfel und Süßkartoffel oder die pfiffige Schoko-Zwetschgen-Sauce, die köstlich zum Schweinebraten schmeckt.

Überall erhältlich, wo es Bücher gibt.

www.bassermann-verlag.de